AF246842

ENTRE
BOURGEOIS

ACTIONNAIRES DE LA MÊME SOCIÉTÉ

ET

CITOYENS DU MÊME PAYS

PAR

P.-J. STAHL

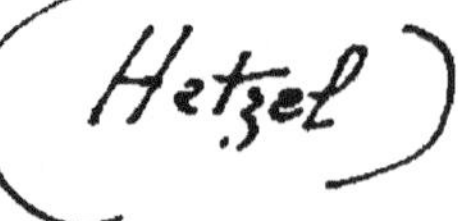

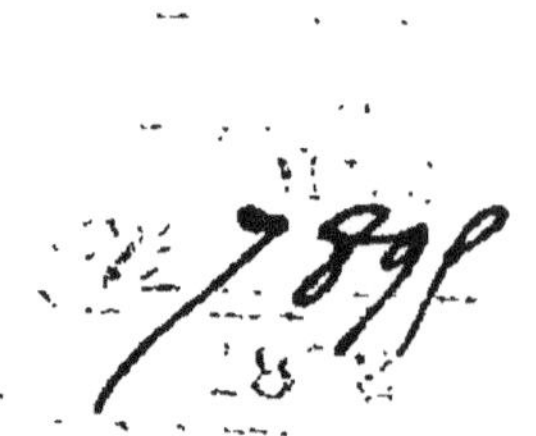

PARIS

J. HETZEL ET Cⁱᵉ, ÉDITEURS

18, RUE JACOB, 18

—

1872

ENTRE

BOURGEOIS

ACTIONNAIRES DE LA MÊME SOCIÉTÉ

ET

CITOYENS DU MÊME PAYS.

Que penseriez-vous d'une société d'actionnaires de laquelle tout le monde serait actionnaire par le seul fait qu'il est né dans le pays où elle existe et dans laquelle chacun des membres qui la composent, depuis le plus petit jusqu'au plus grand, depuis le plus pauvre jusqu'au plus riche, serait obligé de placer non pas une partie seulement de sa fortune, mais tout ce qu'il possède; une société de la bonne ou de la mauvaise administration de laquelle dépendraient en outre la vie et l'honneur de chacun de ses membres?

Que penseriez-vous si, dans une société ainsi constituée, les actionnaires, partant de ce principe qu'il serait très-commode de n'avoir point à s'occuper du soin de leurs intérêts et de pouvoir laisser tout le fardeau de leur gestion à l'un d'entre eux, s'avisaient un beau jour de dire à celui qu'ils auraient en vue pour lui confier cette charge importante : « Vous allez être notre gérant. Nous allons vous donner des appointemens considérables; abdiquer entre vos mains tous nos droits, vous investir de nos pleins pouvoirs, et nous ne vous demanderons en revanche que de ne nous parler jamais de ce qui nous importe ; en un mot vous serez le maître absolu de nous ruiner ou de nous enrichir : tout dépendra de vous, de vous seul.

« Il y a bien parmi nos co-intéressés quelques esprits pointus et difficiles, des gens ridicules qui s'effrayent de la situation exorbitante que nous entendons vous faire, qui trouvent que nous manquons de prudence, qu'un contrôle serait nécessaire, et qui s'imaginent qu'il pourrait être utile de savoir ce que vous pourrez faire en notre nom. Ces gens-là ont parlé d'établir auprès de vous un conseil de surveillance à qui vous auriez à rendre compte de vos faits et gestes et un conseil d'administration que vous auriez à consulter. Ils parlent en outre d'instituer des réunions, des assemblées publiques auxquelles seraient soumises les résolutions importantes, et, car il faut tout dire, ils vont même jusqu'à prétendre qu'il serait indispensable de vous donner un vice-gérant, destiné à vous remplacer au besoin, sous prétexte que dans ce monde on ne sait ni qui vit ni qui meurt. Mais ne vous inquiétez de rien de tout cela. Outre qu'on peut s'arranger pour préposer à ces différents genres de besogne, plus apparentes que réelles, des gens à vous, il va sans dire que toutes ces belles inventions ne cachent que des questions de pure forme. Par le fait, rien ne pourra se faire par tout ce monde-là de ce qui pourait vous gêner ou seulement vous déplaire, car non-seulement nous vous nommons à vie, mais nous nommons à vie dès aujourd'hui, pour qu'ils vous succèdent, vos enfants et les enfants de vos enfants. La gérance appartiendra à vous et aux vôtres à perpétuité. C'est votre famille en un mot que nous nommons « gérant, » et quiconque prétendrait intervertir cet ordre de succession si naturel serait condamné comme ennemi du repos public, et, pour dire le mot, comme révolutionnaire. Il n'est donc qu'une chose qui importe, c'est que vous ne laissiez pas s'éteindre votre race, afin que nous ne soyons jamais à court de gérants, afin que ni nous ni nos enfants n'ayons plus jamais l'ennui d'avoir à en renommer un quelconque. »

Vous me direz qu'il n'est pas d'actionnaires de ce calibre. Il en est, et j'ajoute qu'ils ne sont pas rares. Pas plus loin qu'hier je me suis trouvé dans une réunion où ils étaient peut-être en majorité, et voilà ce qui se passa entre eux et le brave homme auquel ils venaient de proposer d'être leur gérant, et cela dans les termes mêmes que je vous ai dits plus haut.

Épouvanté pour eux et pour lui-même de ce qu'ils prétendaient faire, ce brave homme leur répondit : « Vous n'y pensez pas, mes bons amis ; me nommer à vie ce serait déjà une grande imprudence, car enfin, si des exceptions illustres nous montrent de loin en loin un vieillard gardant jusqu'à sa dernière heure toute la force et toute la lucidité de son esprit, vous ne pouvez pas vous dissimuler que la règle est qu'en vieillissant les facultés d'un homme, si fort que vous le supposiez, soient sujettes à baisser, à baisser au moral aussi bien qu'au physique. Prenez-y garde. Il est des hommes qui, après avoir été, pendant un temps donné, des hommes capables, ce que vous appelez des grands hommes, sont devenus sur la fin de leurs jours des idiots et des gâteux, et, qui pis est, des méchants. Qui est-ce qui vous dit que tel ne sera pas mon lot ? Le difficile métier que vous voulez me faire faire est de ceux qui portent à la tête et entretiennent rarement l'esprit, le cœur et le corps même en santé. Croyez-moi, ne me nommez que pour un temps déterminé, réservez-vous la liberté de me renommer, de prolonger mes pouvoirs quand ils seront près d'expirer, si l'expérience vous a démontré que je puis encore en faire bon usage. Mais, pour l'amour de Dieu et du sens commun, gardez-vous du moins le droit de me remplacer quand il deviendra clair que je ne serai plus bon à rien qu'à faire des sottises. »

Vous vous imaginez peut-être que ces paroles de bon sens donnèrent tout au moins à réfléchir à ces actionnaires fourvoyés? Vous n'y êtes pas.

« Non! non! s'écrièrent-ils, uniquement préoccupés qu'ils étaient de s'assurer tout d'une fois une tranquillité indéfinie et de ménager leurs futures émotions, non! non! De telles réserves, des prévisions si inquiétantes ne pourraient que troubler à l'avance le repos perpétuel, le repos sempiternel que nous prétendons nous assurer. Nous n'entendons pas nous garder de si graves soucis sur la planche, et c'est précisément pour nous les épargner à toujours que nous vous disons: Gérez nos affaires tant que vous vivrez et après vous vos fils les géreront. Cette succession ininterrompue de vos fils est, ne le voyez-vous pas, ce qu'il y a de plus admirable dans notre combinaison.

— Mais, dit le gérant, qui commençait à être sérieusement inquiet de l'état du cerveau de gens capables de lui faire des propositions pareilles, mais, mes fils, vous ne les connaissez pas! Ils ne sont pas ce que vous les supposez, — et quant aux enfants qu'ils pourront avoir un jour, qui peut vous répondre qu'ils auront les capacités administratives nécessaires à la fonction à laquelle d'avance vous les destinez? On hérite du nom et des biens de son père, mais où avez-vous vu qu'on hérite forcément de ses capacités? Vous prétendez que je n'aie qu'une postérité d'administrateurs-nés; mais, mes chers amis, c'est aussi insensé que si vous prétendiez que vos grands artistes, vos grands peintres ou vos grands bottiers ne donnent jamais naissance qu'à des artistes, des peintres ou des bottiers de première catégorie. Si le talent se transmettait, les descendants de vos artistes en renom seraient tous des artistes en renom; c'est à eux que vous iriez demander de père en fils des tragédies, des comédies, des poëmes, des tableaux, des opéras, etc. Le génie n'est pas héréditaire, le talent ne l'est pas davantage. — Eh bien, le don de l'administration et du gouvernement est un génie dans son genre, et il n'est pas plus transmissible qu'un autre.

« Je ne vous cache pas que si j'ai, à force de travail, acquis quelque habileté dans la direction des affaires, mes fils, qui ont su trop tôt qu'ils auraient du foin dans leurs bottes, ne me paraissent pas devoir jamais avoir les qualités que vous voulez bien distinguer en moi; entre nous, j'entrevois même, non sans de véritables inquiétudes, que, moi mort, ma fortune privée et nos entreprises particulières ne pourront que s'en aller à vau-l'eau. Si personne que mes pauvres enfants ne se charge de gérer à leur lieu et place, ce que j'ai amassé ne tardera guère à se disperser. Ce sont de braves garçons, mais, hélas! ils n'ont pas l'ombre d'aptitude conservatrice.

« Que serait-ce donc si à mes affaires personnelles venait s'ajouter pour eux le poids des affaires publiques? Je ne leur donnerais pas six mois pour en être écrasés, et vous maudiriez bientôt, à la vue de la ruine générale, le jour où j'aurais eu la faiblesse d'accepter et votre gérance à vie pour moi, et la gérance pour mes enfants après ma mort.

— Que diable! lui répondit un actionnaire, portant parole pour tous les autres, vous voyez les choses trop en noir; vous prévoyez les difficultés de trop loin. Les situations transforment les individus. Il y a des grâces d'état. Vous nous mettriez martel en tête avec vos prévisions fantastiques, si nous les écoutions; l'axiome « tel père, tel fils » est plus vieux que nous tous. Il a du bon, puisqu'il est très-vieux. En ce qui vous concerne, vous vous portez bien, vous avez su faire vos affaires, vous ferez les nôtres à merveille; — en ce qui concerne vos fils, eh bien! ce sera à eux de s'arranger pour devenir tout à la fois dignes de leur père et de leur situation. Ils seront les hommes de nos fils comme vous aurez été notre homme. Cela ne saurait être douteux et cela nous suffit. Quand tout ceci sera écrit sur papier timbré, accepté, paraphé, acclamé par tous, je voudrais bien voir qui oserait douter du résultat. Il n'y a pas de révolutionnaire parmi nous, Dieu merci. Topez là, et l'avenir de notre société est à jamais assuré.

*

— Tout cela est bel et bon, leur répondit le gérant, que l'impatience semblait gagner; que vous prétendiez nommer un gérant, rien de plus juste. Que ce soit moi, c'est flatteur pour moi, et je ne vous dis pas non. Mais il ne me convient pas de représenter des fous, et si vous ne voulez pas prendre contre vous-même et contre moi-même les précautions que je vous indique et que vous demande d'ailleurs, d'après votre aveu, une certaine portion de nos co-intéressés que vous trouvez pointus et que je trouve sages, allez vous pourvoir ailleurs; je ne saurais en conscience vous aider à accomplir ce que je considère comme une monstrueuse sottise. Vous avez grand tort de ne pas vouloir prêter l'oreille aux propos de cette minorité d'actionnaires dont vous m'avez parlé. Les minorités disent quelquefois de bonnes choses, dont les majorités pourraient plus souvent qu'elles ne pensent faire leur profit. Elles sont utiles, les minorités. Les majorités qui font systématiquement fi de leur propos s'exposent à faire, et très-souvent, des bêtises. »

Un homme qui passait pour un profond politique et qui s'était jusque-là contenté de piétiner avec colère et de se mordre les ongles, se leva alors, et, s'adressant en même temps aux actionnaires et au gérant qu'ils avaient voulu se choisir :

« Messieurs, leur dit-il, n'insistez pas davantage auprès de ce monsieur. Celui que vous prétendiez investir des fonctions de gérant est évidemment le dernier auquel vous auriez dû songer, car il vient de nier la lumière du jour et de révéler qu'il est imbu des plus détestables doctrines.

« Le genre d'organisation que nous voulons donner à notre société, et qu'il déclare impossible, fonctionne depuis des siècles dans l'ordre politique, c'est en somme une sorte d'organisation monarchique. Votre gérant vous propose une horreur. Ce n'est ni plus ni moins que le régime républicain qu'il vous conseille d'introduire dans notre société. Il n'a pas prononcé le mot, mais c'est la chose, une chose exécrable par conséquent. Cherchons un autre gérant. »

Sur ce, le gérant demanda avec beaucoup de tranquillité la parole : « Mes amis, dit-il, je ne vous dissimulerai pas que l'orateur que vous venez d'entendre a parfaitement, sinon poliment, posé la question. Il s'agit en effet de savoir si vous voulez appliquer à la gestion des affaires de notre société le principe monarchique ou le principe républicain. L'orateur auquel je réponds vous dit que le principe monarchique est le seul bon, et la preuve qu'il en donne c'est qu'il fonctionne depuis des siècles à l'usage de ces grandes sociétés qu'on appelle des nations.

« Mais en vérité, qu'est-ce que cela prouve? Le

nombre est grand des erreurs qui ont eu la vie
dure. Quels si grands miracles a-t-il accomplis?
Quelles catastrophes a-t-il empêchées, ce fameux
système monarchique, pour qu’on le donne encore
pour le parangon même de l’avenir? Est-ce qu’il
l’a été, par hasard, du passé? Le char des États,
conduit par des rois, n’a-t-il jamais été cahoté?
N’a-t-il jamais accroché, et le plus souvent au
milieu de routes superbes dont ils avaient eu le
talent de se faire des impasses? Ne l’a-t-on pas vu
fréquemment embourbé dans ses propres ornières?
N’a-t-il pas maintes fois versé dans des précipices
d’où le cocher, à lui tout seul, aurait été bien
embarrassé, je ne dirai pas de tirer ceux qu’il
avait mis à mal, mais de se tirer lui-même? Si
nous avions le temps de faire ensemble une petite
récapitulation des faits malheureux de l’histoire
de France, par exemple, je vous démontrerais,
sans m’y donner de peine, que les trois quarts des
misères qui, à de nombreuses époques, ont pesé
sur la France, avaient eu pour causes les fautes ou
les crimes, ou tout simplement, si vous le voulez,
les maladresses des rois. L’histoire en main, il
deviendrait indéniable que c’est aux conséquences
forcées des imperfections qui sont inhérentes à la
singulière profession de monarque qu’ont été dues
presque toujours les calamités quasi incessantes
qui ont bouleversé la France monarchique et l’ont
empêchée de marcher d’un pas plus sûr dans la

voie du progrès. Il n'est pas contestable que la France a guerroyé bien plus souvent dans l'intérêt bien ou mal entendu de ses souverains et de leurs familles royales que dans son propre intérêt. Les guerres de succession et autres, faites dans un intérêt non national, nous ont coûté gros, rien que depuis le xvie siècle, et je ne vous parle pas des guerres d'ambition, d'orgueil et de sottise du premier et du dernier Bonaparte, dont les enragés de gloire se seraient bien passés. Cependant une guerre de plus ou de moins ce n'est pas une petite affaire. Il suffit, vous le savez de reste, d'une guerre injuste, d'une guerre mal à propos engagée ou mal faite pour mettre une nation à deux doigts de sa perte. La France actuelle est là pour en témoigner avec moi. Si nos pères avaient dépensé pour se constituer républicainement le quart du temps, des efforts, de l'argent et surtout de la bonne volonté qu'ils ont employés à essayer de constituer ou de raffermir des trônes inébranlables, qui remuent toujours et dégringolent très-souvent, ce que j'ai eu l'honneur de vous dire vous eût paru simple comme bonjour, car j'aurais derrière moi l'expérience du passé pour vous convaincre ; mais enfin cette expérience du passé ne nous manque pas tout à fait. Nous avons eu contre dix-huit cents ans de monarchie, et en trois fois, une dixaine d'années de république. Ces républiques sont toujours nées au milieu de circonstances où il n'était pas commode d'arriver, où les rois ne venaient pas de faire de très-bonnes figures. Eh bien, alors même qu'elles avaient eu à passer à travers des difficultés inouies, ces républiques éphémères ont prouvé qu'elles pouvaient laisser après elles des progrès durables; elles ont fait plus dans leur trop rapide existence pour le bien général, que la plupart de vos monarchies, et on pourrait même affirmer que le plus beau du nez des bourgeois et des paysans qui ont peur de la république a été fait précisément par les républiques; on peut dire sans craindre de se tromper que, parmi ses adversaires, la forme républicaine ne compte plus guère que des ingrats, et, à l'exception de quelques familles nobles, il serait risible, si ce n'était triste, de voir de quels gens se composent ceux qui se targuent d'être des ennemis de la république, et ce qu'ils seraient pour la plupart sans ses trop courtes apparitions.

« La société française part de cette idée fausse, qui ne manquait pas d'une apparence de vérité alors qu'elle était représentée par 100,000 familles nobles, qui semblaient être tout à l'époque où, pour leur plus grand bien à elles seules, les autres semblaient n'être rien ; — la société française, dis-je, part de cette idée, qui n'est plus vraie du tout depuis 89, qu'elle est une société essentiellement politique; et c'est en s'appuyant sur cette idée, laquelle, je le répète, ne contient pas aujourd'hui un atome de réalité, qu'elle s'est obstinée jusqu'ici à s'administrer comme il serait insensé d'administrer une société civile quelconque. C'est là son tort. C'est la fausseté de son point de départ qui la perd, et qui a laissé sur sa route à l'état d'obstacles tout ce qu'elle s'était habituée, avant 89, à considérer au contraire comme moteur excellent, comme véhicules indispensables.

« Une nation où l'égalité des citoyens devant la loi et devant les mœurs n'est plus un mot, mais un fait, est avant tout une société civile, une société commerciale, une simple aggrégation d'intérêts, soit moraux, soit matériels. Dans une nation primée par un fait de cette importance, les questions politiques ne sont plus que les conséquences des perturbations qu'une mauvaise gestion peut engendrer dans les questions sociales, c'est-à-dire dans les questions civiles et commerciales, lorsqu'on prétend appliquer des remèdes politiques à des faits, à des maux qui ne ressortent plus de la politique.

« Donner le pas aux questions politiques dans nos sociétés modernes comme si elles primaient encore toutes les autres, c'est mettre carrément la charrue devant les bœufs. Insister auprès de vous sur cette vérité capitale, serait peut-être utile, mais je ne puis pourtant pas avoir la prétention de vous apprendre que le soleil éclaire.

« A mon sens donc, au lieu de se payer, et très-cher, des rois, des monarques, et dans les pires moments des empereurs archi-coûteux, des gens qui ne savent lire dans l'histoire des peuples que l'histoire des rois, les nations, depuis 89, — je parle de celles qui avaient eu leur 89, — auraient dû se borner à se choisir, et avec grand soin, de bons et simples gérants ayant fait leurs preuves de capacité, décidés comme moi à répondre de leurs actes, à n'accepter que des pouvoirs à durée limitée, révocables en de certains cas prévus, et de plus, et avant tout, et surtout, des gérants non dynastiques. Il faut être affligé du plus incurable des aveuglements, celui de la routine, pour persister à appliquer à la gestion des affaires d'une société quelconque, et surtout à une société comme la société française tout entière, des principes d'administration, de direction, de gouvernement que le plus petit bourgeois, que le plus modeste manufacturier, qu'un artisan, qu'un ouvrier des villes ou des campagnes se regarderait comme idiot d'appliquer à ses affaires privées. Car enfin ce qui serait sot et saugrenu pour la fortune d'un particulier, l'est à bien plus forte raison pour l'administration de la fortune publique.

« Vous ne voudriez ni d'un notaire à vie et à survie, ni d'un avoué, ni d'un agréé, ni d'un avocat, ni d'un médecin, ni d'un professeur, ni d'un juge indéfiniment obligatoires, ni d'un apothicaire continu, ni d'un tailleur, ni d'un cuisinier de père en fils, ni d'un patron, ni d'un domestique auquel votre sort et celui de vos enfants serait lié à perpétuité; vous ne faites tous, et vous avez bien raison, dans vos affaires privées, que des contrats temporaires, que des engagements à termes, définis, circonscrits, entourés de précautions protectrices et, au besoin, résolutoires; et vous trouveriez bon que des nations et de vastes sociétés, de la bonne ou mauvaise conduite desquelles dépendent d'ailleurs les intérêts du plus petit particulier, fissent fi de toutes ces garanties qui vous sont si précieuses, sitôt qu'il s'agit de vos intérêts de famille ou de commerce!

« Vous prétendez que parce que des nations, que quelques familles royales ont entretenues dans l'oubli de leurs devoirs envers elles-mêmes, se sont livrées pieds et poings liés à des monarques et à leurs énigmatiques descendants, vous devez, à leur exemple, aliéner votre avenir et celui de vos enfants, vous vendre et les vendre, et, qui pis est, payer pour être vendus et aliénés vous et les vôtres et par vous-mêmes, à telle ou telle famille qui, n'étant composée que de limon humain comme le dernier d'entre vous, ne saurait vous présenter plus de sûreté que si son choix se faisait par le tirage au sort! — C'est le renversement de la raison.

« Pour en revenir à nos moutons, si vous voulez marcher dans les souliers des nations qui, mécon-

***

naissant qu'elles sont avant tout des aggrégations d'intérêts tous solidaires, s'opiniâtrent par habitude ou par paresse à se donner un maître et une succession de maîtres dus au plus capricieux, au plus burlesque des hasards, celui de la naissance, et c'est là l'essence des constitutions monarchiques, je ne saurais en effet être votre homme; mais que cela ne vous trouble pas : le monde a été si naïf, disons le mot, si bête, qu'il est des gens qui naissent rois ou princes, comme on a dit pour rire qu'on naissait rôtisseur. Eh bien! il ne manque pas de par le monde de familles soi-disant royales et impériales sans emploi. Adressez-vous à elles; le moindre des membres de ces familles, eût-il sept ans, est propre à tout et ne doute de rien, d'ordinaire; aucun de ces êtres, dont votre seule folie a pu faire des êtres privilégiés, aucun, fût-il le dernier des faquins, des misérables ou des imbéciles, ne vous dira : non. Aucun ne trouvera la tâche trop lourde par la raison très-simple qu'avec le régime monarchique, fût-il archiparlementaire, c'est toujours lui qui sera dessus et toujours vous qui serez dessous.

« Mais prenez garde que ce qui est facile à faire est plus facile à défaire. L'histoire vous le crie depuis cent ans.

« Je ne vous demande qu'une chose, c'est de ne point oublier, au moment de conclure cette suprême ineptie, qu'il s'était à la dernière heure trouvé parmi vous quelqu'un qui vous avait crié : Gare !

« Ce quelqu'un est bien osé, me dira l'orateur de tout à l'heure. Soit, s'il faut l'être pour dire que la sagesse ne saurait consister à rester sot par la seule raison qu'on l'a été pendant des siècles, et qu'on en a contracté la commode habitude, mais qu'elle consiste au contraire à ne plus se conduire par des calculs reconnus universellement faux, quand il serait si aisé d'entrer par la pratique dans l'application de ceux que la raison a depuis long-temps déclarés justes. Mais quoi, la sagesse n'a-t-elle pas été pendant des temps indéfinis d'ignorer que la terre pût tourner ?

« Si vous persistez, malheur à vous, hélas ! et malheur à tous en même temps. Vous voulez des rois pour rester fainéants, pour n'avoir nul souci de la patrie ; vous aurez forcément des rois à votre image, c'est-à-dire des rois fainéants comme vous-mêmes, incapables de tout comme vous-mêmes. Vous me disiez tout à l'heure, sans que votre voix en proférant cette vieille baliverne hésitât dans votre gosier, vous me disiez : « Tels pères, tels « fils. » Je répondrai à votre axiome si souvent dé-menti par les faits, par un axiome plus moderne : « Tel peuple, tel gouvernement. » L'expérience est faite sur ce point. Le temps est passé où l'homme pouvait croire qu'en ne s'occupant que de ses affaires privées, qu'en ne se souciant pas plus des intérêts publics que de la lune, il faisait acte de raison. La

honteuse maxime : « Chacun chez soi, chacun pour
« soi, » qui a démoralisé notre pays dès 1830, n'a
plus cours ; on sait où elle a conduit, où elle devait
inévitablement conduire ses prôneurs imprudents
et la France. On a vu les habitants de ce grand
pays, encore sous la délétère influence de ce poi-
son, remettre un jour leur fortune, leur vie, leur
honneur, les destinées de la patrie entre les mains
d'un homme dont le plus humble d'entre eux
n'aurait voulu ni pour père, ni pour frère, ni pour
fils, ni pour gendre, ni pour allié à un degré quelconque, ni pour portier peut-être, on les a vus,
plutôt que de garder la direction de leurs propres
affaires, qui leur appartenait alors, accepter que
cet homme se proclamât lui-même leur empereur;
qu'avaient-ils à dire? Ils avaient laissé exiler,
emprisonner, transporter, fusiller tout ce qui eût
pu faire obstacle à leur avilissement. — Ai-je
besoin de vous rappeler quelle a été l'issue de cet
abandon de la France par les Français de 1851,
et quelle fut la fin de ce qu'on appelait un beau
règne. Eh bien! l'homme de décembre et de Sedan
n'est pas mort. S'il n'est plus debout, il n'est pas à
genoux dans la dure prison qu'il eût méritée; il n'a
encore demandé pardon ni à Dieu ni aux hommes
d'avoir existé. Vous le trouverez à quelques pas de
ce pays, guettant la proie qui lui a échappé, du fond
d'un château quelconque; il en a de rechange, il
a de l'argent, il est cent fois plus riche qu'il y a

vingt-quatre ans et tout prêt à recommencer... Reprenez-le.

« Vous vous récriez, — vous ne voulez plus entendre parler de ce maudit. Vous avez tort. Vous avez tort si, pour la même besogne, vous songez à tout autre.

« Que si, au contraire, vous comprenez enfin que le salut de chacun ne peut se faire que de l'effort de tous, qu'une société où l'individu ne s'occuperait que de l'individu, ne serait plus qu'une agglomération impuissante de forces inutiles les unes aux autres, une société vouée aux catastrophes, secouez votre torpeur. La patrie vous crie qu'il ne suffit pas d'être artisan, négociant, artiste, soldat, médecin, jurisconsulte ou laboureur, qu'il faut aussi, et avant tout, être un bon citoyen. Donc pensez à la chose publique, et cette chose publique appelez-la tranquillement de son vrai nom : « répu-« blique, » puisqu'il est prouvé par le sort des cinq ou six dernières monarchies, que depuis 89 le temps des monarchies est passé. »

Après ce discours, la fraction des actionnaires qui tenait pour le système monarchique se montra d'autant plus consternée qu'elle se sentait, sinon tout à fait convaincue, au moins fort ébranlée.

A ce que venait de dire l'actionnaire dont elle aurait voulu faire un roi, elle ne trouvait pas grand'chose à répondre. Mais ce mot de république

sonnait encore mal à ses oreilles. On ne voyait dans ce côté de la réunion que figures allongées:
« Quoi, est-ce bien vrai! Il serait sage de nous constituer en république? En serions-nous réduits là? C'est dur!... »

L'un d'entre eux se permit pourtant de faire sans assez de façons à ses amis quelques réflexions qui ne manquaient pas de justesse : « Je ne sais pas si nous sommes mûrs pour la république, mais nous ne pouvons pas nous cacher que nous sommes en revanche pourris pour la monarchie. Au fond, est-ce qu'un pays où il y a trois souches de prétendants, qui s'est mis sur les bras en moins de cinquante ou soixante ans trois familles ayant chacune une sorte de droit de compétition au trône est bien un pays monarchique? Le fait seul de cette triple concurrence, de cette complication de races princières ne donnerait-il pas à penser que l'idée monarchique, dont l'unité est l'essence, n'existe plus chez nous? Entre nous soit dit, aurions-nous fait tant d'essais de rois et de royautés si nous étions de vrais royalistes? Où il y a trois monarques en présence, il n'y a pas de royauté du tout. »

Quelques murmures, mais très-faibles, accueillirent ces vérités, qui parurent aux politiques de celles qui ne sont pas toujours bonnes à dire.

Le grand politique qui au début avait parlé de si haut contre la république levait au ciel des bras désespérés. Il jeta sur son collègue un regard furibond : « Les Anglais, les Allemands, les Russes, les Belges et d'autres encore ont su jusqu'ici se passer de république, je suppose !

« Toutes les tribus sauvages, toutes les nations encore barbares aussi, et cela depuis que le monde est monde, répliqua l'orateur interpellé. Qu'est-ce que cela prouve ? Mais, tenez, ne nous autorisons pas sur ce point des exemples dont chacun tire ce qu'il veut, comme des citations complaisantes. Quelques monarchistes éclairés se sont épuisés depuis tantôt cent ans à proposer à nos monarques de toute provenance des réformes qui auraient pu prolonger sinon assurer à toujours la durée de l'institution monarchique, et cela en s'appuyant précisément sur l'exemple de telles ou telles des monarchies voisines que vous venez de me citer, lesquelles grâce à ces réformes faisaient tout au moins vie qui dure. Qu'ont répondu nos monarques et leurs conseillers à ces propositions : « Nous ne sommes ni des Anglais ni des Allemands, ce qui convient au génie propre de ces nations est inapplicable au nôtre ? » Nos monarques et leurs conseillers avaient-ils raison alors ? Pourquoi donc aurions-nous tort aujourd'hui en vous répondant à notre tour que nous ne sommes pas

plus Anglais et encore moins Allemands à l'heure
qu'il est que nous ne l'étions sous les derniers
règnes et que nous n'avons pas à nous modeler
sur eux? Vous n'avez pas voulu suivre l'exemple
de nos voisins quand nous étions en monarchie,
vous taxiez tout projet d'emprunt fait à leurs
mœurs politiques d'utopie; pourquoi vous autori-
seriez-vous de leur exemple à présent pour ne pas
dire oui à la république, uniquement parce que
la question ne leur est pas encore posée par la
nécessité comme à vous-même?

« Si nos monarchies variées, au lieu de se montrer
réfractaires aux plus minces concessions avaient
pris de nos voisins· ce qu'il eût été bon de leur
prendre, l'idée monarchique n'en serait peut-être
pas où nous la voyons en France. Mais enfin, les
faits sont des faits, les monarchies, de peur de
faire un pas en avant, ont préféré crouler dans
l'abîme du passé. La chose est claire. A qui la
faute? Une nation a mieux à faire que de se méta-
morphoser en saule pleureur sur la tombe de ses
rois. En se suicidant à l'envi, c'est bien le moins
qu'ils nous aient appris à nous passer d'eux. Que
ceux qui les regrettent les pleurent, j'honorerai
leur chagrin. Mais après, devons-nous nous jeter
dans leur fosse avec eux? Mon avis est que nous
ferions mieux de considérer ce qu'il nous reste à
faire après tant d'aventures, et de tâcher de tirer
le bien du mal même qu'ils viennent de nous

faire. Qui sait s'il ne vaut pas mieux pour nous que l'expérience qui reste à faire à nos voisins soit déjà faite chez nous? Tout ce qui pense est d'accord qu'en théorie le régime républicain est le moins imparfait des régimes. Il faut, convenons-en, qu'une idée ait du bon pour que ses adversaires les plus acharnés lui accordent, quand on les met au pied du mur, qu'en théorie, tout au moins, c'est-à-dire en raison, elle est incontestablement la meilleure. — Pourquoi ce qui est raisonnable ne deviendrait-il pas praticable, quand, même ce qui ne l'est pas a pu, dans ce pays, le plus facile de tous à gouverner, quoi qu'en en dise et le moins exigeant, a pu, dis-je, être pratiqué?

— Dire, quand on se souvient de 93 et de la récente Commune, que la république est la meilleure forme du gouvernement! s'écria un royaliste à tout prix, c'est proférer un blasphème.

—La Commune ni 93 ne sont de mon goût, chacun le sait, répliqua le royaliste, de plus en plus converti à l'idée de la république qui venait de faire scission dans le parti des monarchistes. Mais de bonne foi ces crises terribles ne sont à mettre au compte d'aucune forme de gouvernement.

« Pour ne parler que de 93, qui est votre grand spectre, nos monarchies ont à leur passif plus d'une époque; j'en compterais sept ou huit facilement, qui, dans la balance de l'histoire, doivent peser autant sur les consciences royalistes que 93 lui-même sur les consciences républicaines.

« 93 a été une époque exécrable, précédée d'époques qui ne valaient guère mieux, et dont il n'a peut-être été qu'une abominable et fatale conséquence. Le mal engendre le mal, mais la cause est plus coupable que l'effet.

— C'est une horreur, s'écria le politique exaspéré. Il n'y a jamais eu d'exécrable que les républiques, et je m'étonne de voir un homme qui a eu l'honneur d'être royaliste parler comme un jacobin. »

Voyant que cela allait se gâter, le candidat à la gérance demanda la parole.

« Les républiques ont eu des heures détestables, dit-il, je l'ai dit et je l'ai écrit, des heures exécrables même, nous sommes tous d'accord sur ce point, et il se peut qu'elles en aient encore, je ne le nie pas. Mais cela dépendra de vous. Les républiques, ô monarchistes, mes amis, ne sont pas plus exemptes que les monarchies des sottises qui ont signalé les règnes les plus fameux en sottises. Les hommes sont toujours faillibles, mais sitôt que les institutions seront meilleures et moins illogiques, les fautes seront moindres. A mon avis d'ailleurs cette possibilité de faire entrer dans

la forme républicaine une grande partie des dé-
fauts, tranchons le mot, des abus qui vous sont
chers dans la forme monarchique, n'est pas ce qui
devrait vous déplaire, à vous; soyez tranquilles,
vous pourrez les garder vos abus bien-aimés aussi
longtemps que vous n'en aurez pas par-dessus la
tête. Faite par vous, la république ne sera jamais
ce que vous ne serez pas vous-mêmes, ce que vous
ne voudrez pas qu'elle soit, elle ne sera pas meilleure que vous ne pouvez le souhaiter, car, je le
vois bien, il y a beaucoup de la peur du mieux
dans votre peur de la république.

« La majorité dans une nation peut vous donner
une période de république qui ne vaille pas mieux,
pour la limite assignée à cette période, qu'une monarchie quelconque. La république peut être au choix
d'un pays tout ce qu'il lui plaira : réactionnaire,
rétrograde, aristocratique ou bourgeoise, tout aussi
bien que conservatrice, libérale, progressive, démo-
cratique, ou radicale ; mais pouvant être, grâce à
son élasticité, tout ce qu'il vous passera par la tête
de la faire, elle aura toujours sur la monarchie cet
énorme avantage que, si elle est mal engagée à un
moment et pour un temps donné, elle pourra sans
secousse et sans révolution rappeler de ses erreurs
et quitter, à époques prévues, le mauvais chemin
pour le bon. Avec la forme républicaine une nation,
un parti peuvent être patients, rien n'est fermé,
l'avenir leur reste à défaut du présent, le mal ne

peut pas être définitif, le temps peut et doit avoir raison de lui, vous ne pouvez pas l'immobiliser, le stéréotyper, le clicher, le pétrifier. Vous ne pouvez pas le déclarer fatalement durable et planter là vos enfants sur des chemins sans issue dont on ne peut se tirer que par des coups de fusil, et qui pis est, par des révolutions.

« En république, une nation peut se fourvoyer aujourd'hui et demain se réchapper. Sitôt qu'elle s'aperçoit qu'elle va de travers, elle peut s'arrêter, cela dépend d'elle. Mais en monarchie, comme ce n'est pas elle qui se fourvoie, mais son roi et le gouvernement de son roi, c'est de l'intérêt, très-spécial et souvent très-différent du sien, de ce roi et de ce gouvernement qu'elle doit attendre, les bras croisés, un retour à une direction meilleure, qui impliquerait un repentir.

« Or, nommez-moi un monarque qui ait jamais dit : « Je me suis trompé. » Hélas! l'habitude des trônes est de ne reconnaître qu'ils sont ébranlés que quand ils sont par terre; on ne voit pas clair de si haut. « Il est trop tard, » n'a-t-il pas été le dernier mot qu'aient dû entendre toutes les monarchies?

« Cette fameuse continuité, cette fameuse ininterruption du pouvoir qui vous plaît tant dans les monarchies et qui n'y est qu'à l'état de mythe, les républiques peuvent seules vous l'assurer; en réalité, pour tout de bon, absolument. Que vos assemblées futures soient renouvelables par fractions, et vous aurez non pas la fiction, mais la vérité, la sincérité d'un pouvoir qui ne peut pas mourir puisqu'il se renouvelle de lui-même, qu'aucun genre d'impuissance ne peut conduire à manquer d'héritier, qui n'est jamais ni mineur ni caduc, qui n'est jamais ni trop vieux, ni trop jeune, qui suivra forcément et cependant naturellement comme l'eau son cours et sans secousse la marche des temps. C'est en quelque sorte, c'est par le fait, le mouvement perpétuel réalisé en politique. Or ce mouvement n'a jamais été ni pu être qu'un rêve pour les monarchies, car enfin comptez donc combien de fils ont succédé paisiblement à leur père sur le trône de France depuis, — ma foi, depuis Henri IV? Les minorités ont été, vous me l'accorderez bien, de terribles interrègnes.

— Cependant, dit une voix timide, la monarchie parlementaire pourrait avoir beaucoup de bon : *le roi pourrait n'être rien !* »

Le futur gérant, qui était un petit homme quelquefois très-vif, bondit tout d'un coup sur son banc.

« Mes enfants, dit-il, j'ai cru moi aussi au roi qui pouvait n'être rien. J'en ai fait la théorie, j'en ai fait l'essai. J'étais de bonne foi, je n'y crois plus. « Le roi qui n'est rien, » en dépit de la plus grande

honnêteté de ce roi, et de sa meilleure volonté, —
le roi qui n'est rien est pis qu'une fiction, — c'est
un mensonge, car s'il n'était rien pour tout de
bon, ce pays sensé entre tous le rejetterait bientôt
comme une superfétation ridicule. Le temps des
fétiches faisant fonctions de dieux est passé.

« Est-il un ingénieur en France qui proclamerait
la nécessité d'un rouage inutile dans une machine?
Non, car le plus ignorant sait encore que ce qui
est inutile, étant toujours de trop, est toujours
nuisible. Il n'y a pas de sinécure pour qui a intérêt
à agir. Eh bien! un roi et sa dynastie, un être, des
êtres vivants seront toujours et feront toujours
quelque chose, quelque chose de plus que ce
rouage inutile dont vous ne voudriez pas pour la
dernière de vos machines, et dont cependant la
bizarre envie vous obsède sitôt qu'il s'agit de la
machine gouvernementale. Un roi est de toute nécessité trop ou trop peu et jamais rien, ne fût-il
sevré que de la veille. Pour tout dire, je ne ver-
rais de roi constitutionnel possible, ayant qualité
pour remplir ce rôle de *rien* que vous lui destinez, qu'un roi qui naîtrait empaillé. Encore est-il
que celui-là, ne pouvant se reproduire par lui-
même, finirait tout de même par s'user et tout
au moins se démoder sous les atteintes du temps.

« Sans vous en douter, vous êtes à la recherche
de ce qui n'existe pas, même dans le pays des fées ;
vous êtes à la recherche d'un mannequin vivant.

« Je donnerai à chacun de vous un merle blanc quand vous l'aurez trouvé. »

Là-dessus il salua et disparut, accompagné de quelques amis.

Les plus entêtés parmi les tenants de la forme monarchique s'en allèrent de leur côté en se grattant le front. Mais la plupart se groupèrent autour de celui d'entre eux qui dans la séance avait pris parti pour la république en lui disant : « Ma foi, va pour la république !

— A la bonne heure, leur dit-il, j'attendais cette parole, et vous avez mille fois raison de ne pas la faire attendre davantage à notre malheureux pays. Mais si c'est quelque chose de voter pour la république, ce n'est pas tout cependant. Rien ne serait fait, s'il ne s'agissait dans notre pensée que d'un changement de mot. C'est d'un changement de conduite que dépend le sort de l'établissement nouveau, que la force des choses et la raison nous imposent le devoir de fonder. Depuis 89, la monarchie est un anachronisme, un contre-sens, et la durée de cet anachronisme et de ce contre-sens, depuis quarante ans surtout, est à la charge de la bourgeoisie. La bourgeoisie, qui a ses ignorances, elle aussi, a plus d'une fois méconnu sa tâche, et manqué à la partie la plus importante de son rôle. Elle s'est prise pour ce qu'elle n'était pas : pour une

classe comme celle à laquelle elle allait succéder.
Elle a cru qu'elle allait avoir son règne, de même
que la noblesse avait eu le sien après la féodalité,
et qu'à son tour elle allait pouvoir gouverner sous
le nom d'un roi ayant charge de gérer les affaires
publiques dans son intérêt, à elle, pendant que de
son côté elle n'aurait à penser qu'à s'enrichir.

« C'est une bonne chose de penser à s'enrichir
et je ne commettrai pas la sottise de dire le contraire, mais c'est une mauvaise chose que de
ne penser qu'à cela. Il ne suffit pas, en effet,
comme on vous l'a dit tantôt, que chacun dans
son coin s'évertue à faire fortune. On n'a rien fait
de définitif quand on n'a rien prévu de ce qui pouvait donner des bases solides à cette fortune et par
conséquent à la fortune publique. C'est ce dernier
point qui, à un moment donné de notre histoire,
a été mis en oubli par la bourgeoisie. La révolution de 89 n'eût rien été, en effet, si elle n'eût été
l'avénement de la nation tout entière au gouvernement de ses propres affaires. Quand nous avons
cru, plus tard, pouvoir dire « l'État c'est nous, »
nous nous sommes trompés du tout au tout, car
l'État désormais ce devait être nous et les autres,
c'est-à-dire tout le monde. Si nos pères avaient
toujours bien compris leur devoir, ils ne se
seraient considérés que comme les frères aînés
d'une grande famille ayant l'obligation de faire
prospérer la famille tout entière. Ils se seraient

dit : — « Dans la famille moderne tous les droits
« sont égaux, chacun a donc pour devoir de penser
« à tous... Car cela ne peut pas bien aller sur un
« point si cela ne va pas bien sur tous les autres.
« Les priviléges ont disparu : celui de l'éducation et
« de l'instruction, circonscrit en quelque sorte dans
« la fraction aisée de la nation qui pouvait en
« jouir, a été le plus odieux et par-dessus le
« marché le plus funeste et le plus inepte des privi-
« léges. Il importe que cela cesse et que nos frères
« en sachent sur toute chose autant que nous-
« mêmes, car s'il est un compte dur à faire, c'est
« celui qu'il faut faire avec l'ignorant, que son igno-
« rance même rend méfiant et qui ne sait jamais
« bien au juste ni ce qu'il doit aux autres, ni même
« ce qui lui est dû. » — Et ils se seraient faits,
sans désemparer, les éducateurs de cette portion
considérable de la nation qu'avant 89 on appelait le
peuple. A ce moment-là le peuple n'eût pas mieux
demandé que d'avoir son aîné, le tiers-état, pour
instituteur. Le tiers-état eut trouvé en lui un élève
docile. Au lieu de cela, qu'est-ce que nous avons
fait ? Nous l'avons abandonné à lui-même, si bien
qu'il a fallu qu'à lui tout seul il se rendît compte
de l'infériorité que lui donnait son ignorance. Ré-
duit à s'instruire sans aide, il n'a cherché à apprendre que ce que son instinct lui désignait comme
chose dangereuse à ignorer. A cette éducation soli-
taire qu'on le forçait de se donner, il n'a demandé

d'abord que les armes nécessaires à sa défense. Mais ce pas fait, il a cherché bientôt à conquérir celles aussi qui lui permettraient d'attaquer. Il a vu dès lors des adversaires dans tous ceux qui semblaient l'avoir tenu systématiquement dans l'isolement ; si bien que ses premiers ennemis lui parurent être ces frères égoïstes qui l'avaient négligé, qui l'avaient comme séparé de la famille. Avait-il tort, avait-il raison ? là n'est pas la question ; toujours est-il que les choses en sont là et qu'il y a eu tout au moins, beaucoup de temps perdu. Le pis est que le peu de besogne qui s'est fait est de la besogne assez mal faite, qu'il s'agit, sur beaucoup de points, aujourd'hui, de défaire d'abord et de refaire ensuite sur des bases meilleures. Sera-ce facile ? non. Mais c'est possible et tout pourra se réparer si nous comprenons enfin que l'œuvre de l'avenir doit consister à faire cesser tout antagonisme entre la bourgeoisie et ce qui fut le peuple, en faisant comprendre enfin à tous et à chacun : 1° que cet antagonisme, qui a été toute la politique du second Empire, ne peut pas survivre à la forme monarchique ; 2° que dans une nation où tous les intérêts, tous les droits, tous les devoirs sont les mêmes pour tous les citoyens, s'il y a mille raisons pour rester unis, il n'en est pas une pour se diviser. Unissons-nous donc dans une bonne volonté, dans une foi commune, le respect de la loi faite enfin en vue de tous, et le jour où la France sera indivisible au moral, son unité matérielle ne tardera pas à se reconstituer.

« Un dernier mot avant de nous quitter. Il est, nul ne le niera, un fléau auquel sont dus en très-grande partie nos désastres; ce fléau, c'est l'indifférence en matière politique. Il faut que chacun de nous combatte sans merci cette maladie de notre temps, partout où il la rencontrera. L'indifférence n'est ni plus ni moins que de l'athéisme qui s'ignore, et Dieu sait entre quelles mains et dans quels abîmes l'athéisme politique peut conduire une nation! C'est l'oubli, c'est l'abdication même de la patrie, c'est la négation de toute règle de justice, c'est le chemin fermé à toutes les entreprises du bon sens et tout grand ouvert, par une réaction inévitable, à tous les attentats, c'est la reconnaissance anticipée et de parti pris de tous les faits accomplis, c'est la provocation à toutes les idolâtries, c'est les bras croisés et les mains dans ses poches en face du présent, et, par suite, la renonciation à avoir aucune action sur l'avenir. Qu'on me dise ce qu'a jamais créé l'indifférence, le bien qu'elle a fécondé, le mal qu'elle a jamais fait avorter, les intelligences qu'elle n'a pas abêties? A quoi ont-ils servi ces mécréants de tout, ces joueurs de flûte, ces dévots de la stérilité, ces fanatiques de l'indécision et de l'équivoque, ces virtuoses du néant, ces docteurs satisfaits et infatués du rien faire et du rien dire, qui, par peur

de toute compromission, n'ont jamais d'avis que
que sur ce qui est clos, et professent que la
suprême raison est, sitôt qu'on touche à l'avenir,
de ne dire ni oui ni non à rien, et par conséquent
de dire à la fois l'un et l'autre à tout, dût, de ce
oui ou de ce *non,* dépendre, comme c'est le cas
aujourd'hui, la vie même de leur mère.

« Partout où vous les rencontrerez, ces rhé-
teurs de la négation, remettez-les à leur place,
rejettez-les dans leur vide, et gardez-vous qu'ils
en sortent jamais pour faire semblant de représenter soit ceci soit cela, car ils ne pourraient être
que les élus de l'inutile, les apôtres du néant. »

L'avenir nous dira quelles résolutions furent
prises par les actionnaires de cette société, dont
j'avais oublié de vous dire le nom. Ce nom, c'est
« *la France.* »

P.-J. STAHL.

PARIS. — J. CLAYE, IMPRIMEUR, 7, RUE SAINT-BENOIT. — [1946]

www.ingramcontent.com/pod-product-compliance
Lightning Source LLC
Chambersburg PA
CBHW061724060726

47597CB00006B/2559